LETTRE

D'UN QUAKRE

A JEAN-GEORGE LE FRANC
DE POMPIGNAN , Evêque du Puy
en Vélay , &c. &c.

ET

INSTRUCTION PASTORALE
De l'humble Evêque d'Alétopolis.

LETTRE D'UN QUAKRE

A

JEAN-GEORGE LE FRANC DE POMPIGNAN, Evêque du Puy en Vélay, &c. &c. digne Frere de Simon Le Franc de Pompignan.

AMI JEAN-GEORGE,

JE suis venu de Philadelphie en la ville de Paris pour recueillir trois millions cinq cens mille livres que les Fermiers généraux payent tous les ans à nos freres de Pensilvanie & Maryland, pour les nez de la France.

L'ami Chaubert, honnête Libraire, quai des Augustins, lequel me devait quelques deniers, me dit qu'il était dans l'impuissance de me payer, attendu qu'il avait imprimé une Ins-

A ij

truction dite Paſtorale, de ta façon, en trois cent huit pages, par *Monſeigneur Cortiat, ſecretaire.* Il m'offrit en payement une grande cargaiſon d'exemplaires, leſquels il aſſurait que je pourrais vendre en Canada.

AMI JEAN-GEORGE,

J'ouvris ton livre. Je fus fâché de voir comme tu traites Newton & Locke, qu'un Français plus juſte que toi appelle les précepteurs du genre-humain. Peux-tu être aſſez barbare pour dire (*page* 33.) qu'*on ne trouve point d'idée poſitive de Dieu dans ce ſage Locke*, auteur du *Chriſtianiſme raiſonnable*, & légiſlateur d'une Province entiere ? pourquoi es-tu calomniateur ? Ton Libraire Chaubert m'a certifié que tu avais travaillé avec un homme qu'on appélle en France *abbé*, à l'apologie de la révocation de l'Edit de Nantes, & que dans cette apologie tu dis que les Anglais *recueillent le mépris des Nations.* Ah ! frere, cela n'eſt pas bien ; nous ne ſommes pas ſi mépriſables que tu le dis ; demande à nos Amiraux.

De quoi t'aviſes-tu, dans une Inſtruction dite Paſtorale, adreſſée aux Laboureurs, Vignerons & Merciers du Puy en Vélay, de dire

(*page* 38.) que le syſtême de la gravitation eſt
menacé de décadence ? Qu'a de commun la
théorie des forces centripétes & centrifuges
avec la Religion & avec les habitans du Puy
en Vélay ? Vois combien il eſt ridicule de parler
de ce qu'on n'entend point, & de vouloir faire
le bel-eſprit chez Chaubert, quai des Auguſ-
tins, ſous prétexte d'enſeigner ton Catéchiſme
à tes Payſans. Apprends, l'ami, que la théorie démontrée de la gravitation n'eſt point un
ſyſtême, que tous les corps gravitent les uns
vers les autres en raiſon directe de la maſſe,
& en raiſon inverſe du quarré de la diſtance,
que c'eſt une loi invariable de la Nature, ma-
thématiquement calculée ; & ſouviens-toi qu'on
ne doit pas en parler dans une homélie. *Non
erat hic locus.*

AMI JEAN-GEORGE,

Si tu calomnies la Grande-Bretagne, je ne
ſuis pas ſurpris que tu outrages les gens de
ton pays. (*page* 18.) Tu as tort de remuer
les cendres de Fontenelle, & de dire que ſon
Hiſtoire des Oracles eſt remplie de venin. Cette
hiſtoire n'eſt point de lui, elle eſt du ſavant
Vandal; Fontenelle n'a fait que l'embellir. Le

sage Ministre Basnage, le judicieux Du Marsais, les meilleurs Journalistes, tous ont soutenu cette histoire que tu veux décrier.

Comme je t'écrivais ces choses avec naïveté, je vis le carosse d'une Dame fort aimable s'arrêter devant la boutique de Chaubert. Est-il vrai, dit-elle, que vous avez imprimé un mauvais livre où le Président de Montesquieu, le bienfaiteur des hommes, est traité d'impie ? voyons un peu ce livre ; elle se fit donner ta Pastorale. On lui avait indiqué la page ; (*page* 208.) elle lut & rendit l'ouvrage. Quel est le polisson qui a fait cette rapsodie ? dit-elle. C'est Monseigneur Cortiat, secretaire, répondit Chaubert. Je lui dis, belle Femme, qui es-tu ? elle m'apprit qu'elle était la bru du célèbre Montesquieu. Console-toi, lui dis-je, quiconque insulte tant de grands hommes, est sûr du mépris & de la haine du public.

Elle partit consolée ; je continuai à te feuilleter. Tu parles (*page* 18.) d'un Perraut, d'un La Motte, d'un Terrasson, & d'un Boindin auquel tu donnes l'épithète d'athée. Je demandai à Chaubert qui étaient ces gens-là, & si Boindin a fait quelque écrit d'athéisme, comme ton frere Simon Le Franc en a fait un de déïsme. Il me dit que ce Boindin était un Magiſtrat qui avait fait quelques comédies, & que ni lui, ni Terraſſon, ni La Motte, ni Perraut n'avaient jamais rien écrit ſur la Réligion. J'avoue que je me mis alors en colere, & que je dis *Pox on the Madman*, la peſte ſoit du .... j'en demande pardon à Dieu, & je t'en demande pardon, mon cher frere.

AMI JEAN-GEORGE,

Tu vas de Boindin à Salomon, & tu affirmes (*page 44.*) que l'Auteur de l'Eccléſiaſte a dit dans ſon dernier chapitre: » Tout ce qui » vient de la terre, tout ce qui doit y retour- » ner, eſt vanité. Il n'y a d'eſtimable dans » l'homme que ſon ame, ſortie immédiate- » ment des mains de Dieu, faite pour retour- » ner vers lui, conſiſtant toute entiere à le » craindre & à le ſervir, & attendant de ſon » jugement la déciſion de ſa deſtinée.

Tu n'as pas menti, mais tu as dit la choſe qui n'eſt pas. Ce paſſage n'eſt point dans l'Eccléſiaſte; tu peux répondre comme Mylord Pierre dans le Conte du Tonneau, que s'il n'y eſt pas *totidem verbis*, il y eſt *totidem litteris*.

mais réponse comique n'est pas raison valable.
Quand on cite l'Ecriture , il faut la citer fidéle-
ment , & ne point mêler du Pompignan à
Salomon.

Tu parles ensuite contre la religion naturelle. Ah ! mon frère , tu blasphêmes ; sçache
que la religion naturelle est le commencement
du Christianisme , & que le vrai Christianisme
est la loi naturelle perfectionnée.

Ami Jean-George,

Pardonne , mais je n'aime ni le galimathias ,
ni les contradictions. Tu avoües (*page* 111.)
que Dieu ne punira-personne pour avoir ignoré
invinciblement l'Evangile. Heureux les pécheurs
qui n'auraient lu que ta Pastorale ! ils ignore-
raient l'Evangile invinciblement , & feraient
sauvés. Et tu prétends , (*page* 117.) qu'il faut
un prodige pour qu'un homme qui n'est pas
de ta religion ne soit pas damné. Hélas ! puisque chez toi on ne peut être sauvé sans Baptême,
puisque les peres de ton Eglise ont cru que
les petits enfans morts sans Baptême sont la
proie des flammes éternelles , puisqu'un enfant
mort né est vraisemblablement dans le cas

d'une ignorance invincible, comment peux-tu te concillier avec toi-même?

AMI JEAN-GEORGE,

Tu passes de Boindin à Moïse. Que ton livre ferait de tort à la religion s'il était lû ! tu pouvais aisément prouver la divine mission de Moïse, & tu ne l'as pas fait. Tu devais montrer pourquoi dans le Décalogue, dans le Lévitique, dans le Deutéronome, qui font la seule Loi des Juifs, l'immortalité de l'ame, les peines & les récompenses après la mort ne font jamais énoncées. Tu devais faire sentir que Dieu gouvernant son peuple immédiatement par lui-même, & le menant par des récompenses & des punitions soudaines & temporelles, n'avait pas besoin de lui révéler le dogme de la vie future qu'il réservait pour la Loi nouvelle.

Tu devais alléguer & étendre cette raison pour confondre ceux qui préferent aux dogmes des Juifs, ceux des Indiens, des Persans, des Egyptiens, beaucoup plus anciens, & qui annonçaient une vie à venir. Quel service n'aurais-tu pas rendu en montrant que le *Tartaroth* des Egyptiens devint le Tartare & l'Ades des

A v.

Grecs, & qu'enfin les Juifs eurent leur *Sheol*, mot équivoque, à la vérité, qui signifie tantôt l'enfer, tantôt la fosse; car la Langue des Hébreux était stérile & pauvre, comme tous les idiomes barbares, le même mot servait à plusieurs idées.

Tu devais réfuter les Théologiens & les Savans qui ont prétendu que le Pentateuque ne fut écrit que sous le Roi Osias, que Moïse n'a pas pû prescrire des regles aux Rois, puisqu'ils n'existerent point de son tems; qu'il n'a pû donner à des Villes les noms qu'elles n'eurent que long-tems après lui; qu'il n'a pû placer à l'Orient des Villes qui étaient à l'Occident par rapport à Moïse & à son Peuple vivant dans le désert. Tu devais savoir quelle langue parlaient alors les Juifs, comment on avait gravé sur la pierre tout le Pentateuque, ce qui était une entreprise prodigieuse dans un désert où tout manquait. Tu devais résoudre mille difficultés de cette nature; & alors ton Livre eût pû être utile comme celui de notre savant Evêque de Worcester, mais il faudrait savoir l'Hébreu comme lui.

Tu te bornes à dire que Moïse sépara les eaux de la mer à la vue de six cens mille hom-

mes ; le moindre écolier le fait comme toi ;
ton devoir était de montrer comment les Juifs
descendans de Jacob se trouvaient au bout de
deux siécles au nombre de six cens mille combattans, ce qui fait plus de deux millions de
personnes, comment ils n'attaquèrent pas les
Egyptiens, qui au rapport de Diodore de Si-
cile, n'ont pas été, même sous les Ptolomées,
plus de trois millions d'ames, & qui ne passent
pas aujourd'hui ce nombre.

De ces trois millions qui pouvaient com-
poser six cens mille familles, tous les premiers
nés avaient été frappés de mort par l'Ange du
Seigneur ; l'Egypte n'avait certainement pas
après cette perte six cens mille combattans à
opposer aux Israélites. Tu nous aurais appris
pourquoi ils prirent la fuite au lieu de s'empa-
rer de l'Egypte ? pourquoi en prenant la fuite
ils se trouvèrent vis-à-vis de Memphis, au lieu
de côtoyer la Méditerranée ; c'est ce que notre fameux Taylor a merveilleusement expliqué, mais il connaissait parfaitement l'Arabie
& l'Egypte.

Tu nous aurais enseigné comment en fai-
sant un long détour pour arriver entre Memphis & Baal-Sephon, endroit où la mer s'ou-

vrit en leur faveur, ils étaient poursuivis par la Cavalerie Egyptienne, tandis que tous les chevaux étaient morts dans la cinquième plaie.

C'était un beau champ pour un homme profond dans l'antiquité de faire connaître les secrets de la magie, d'expliquer par quel art les Mages de Pharaon égalerent par leurs prestiges les miracles de Moïse, & comment ils changerent en sang les eaux du Nil que Moïse avait déja transformées en un fleuve de sang. C'est ce que le Docteur Stillingfleet a sû approfondir. Tu vois bien, encore une fois, que les Anglais ne sont pas si méprisables.

Tu aurais appris chez notre savant Sherlok la raison évidente pour laquelle Dieu fit arrêter le soleil dans sa carriere vers l'heure de midi, pour achever la défaite des Amorrhéens, & pourquoi presque tous les grands miracles de ce tems-là n'étaient opérés que pour exterminer les hommes; pourquoi, malgré tous ces miracles, le Peuple Juif fut malheureux & esclave si souvent & si long-tems.

Il était essentiel de réfuter ceux qui, pour prouver que le Pentateuque ne fût pas connu avant Esdras, avancent qu'aucun passage de ce

Pentateuque ne se trouve cité ni dans les Pro-
phetes, ni dans l'histoire des Rois Juifs, qu'il
n'y est jamais parlé ni du Berefith, ni du Veellé
Shémot, ni du Vaïcra, ni du Veiedabber, ni
de l'Addebarim. Tu prends ces noms pour des
mots tirés du Grimoire; ce font les titres de
la Genese, de l'Exode, du Lévitique, des Nom-
bres, du Deutéronome.

Comment ces Livres facrés n'auraient-ils pas
été mille fois cités, s'ils avaient été connus?
C'est une difficulté à laquelle l'Evêque de Sa-
rum répond très-favammen t.

Un devoir non moins indifpenfable était de
montrer que tous les Livres facrés de la Nation
Judaïque, étaient néceffaires au monde entier;
car comment Dieu aurait-il infpiré des Livres
inutiles? & fi tous ces Livres étaient néceffaires, comment y en a-t-il eu de perdus? comment y en aurait-il de falfifiés?

Dieu aurait-il voulu que l'Evangile, felon
S. Matthieu, dit au *chap. 2.* Jefus habita à Naza-
reth, afin que cette parole du Prophete fût ac-
compli : *Il s'appellera Nazaréen* ? & aurait-il
voulu en même-tems que cette parole ne fe
trouvât dans aucun Prophete?

On voit encore au chap. 27. *Alors s'accom-*
plit ce qu'avait prédit Jérémie, en disant : Ils ont
accepté trente piéces d'argent , &c. dont il ache-
tera le champ du Potier. Cela n'est point dans
Jérémie ; & cette difficulté est encore admira-
blement bien éclaircie par notre Docteur Young,
qui a concilié parfaitement les deux généalo-
gies qui semblent entiérement contradictoires.
Permets que je te dise que tu devais imiter
tous les grands Hommes que je te cite , & qu'il
valait mieux instruire tes Compatriotes que de
les outrager.

Tu nous aurais , à l'exemple de notre Evêque de Durham , donné la véritable intelli-
gence de la prédiction de notre Sauveur, qui
annonce (*Luc chap.*) que dans la géné-
ration alors vivante, on verra venir le Fils de
l'Homme dans les nuées avec une grande puis-
fance & une grande majesté : tu n'avais qu'à
lire l'exposition de ce digne Prélat , tu aurais
vû dans quel sens cette grande Prophétie s'est
accomplie , & ton ouvrage alors eût été en
effet une instruction. Mais tu examines si Boi-
leau était un Versificateur ou un Poëte, si Per-
rault a pris avec raison le parti des modernes,

Tu parles de l'attraction, tu tâches de décrier l'algebre & la géométrie. Mon ami, tu devais parler de l'Evangile.

Tu aurais ensuite expliqué les mysteres ; tu aurais fait voir comment Jesus-Christ ayant dit: *Mon Pere est plus grand que moi*, cependant il est égal à lui : comment le Saint-Esprit étant égal au Pere & au Fils, ne peut cependant engendrer, & pourquoi au-lieu d'être engendré il procede ; sur quels fondemens l'Eglise Grecque le crut toujours procédant du Pere seul, & par quelles raisons l'Eglise Romaine le crut au dixiéme siécle procédant du Pere & du Fils tous ensemble.

De bonne foi, ces questions ne font-elles pas plus importantes que ce que tu dis de La Motte & de Terrasson, & de la Théorie de l'impôt, roman de l'ami des hommes.

Crois-moi, lorsqu'on est superficiel & ignorant, on ne doit pas se hazarder d'écrire des Pastorales.

AMI JEAN-GEORGE,

Je tombe sur un plaisant endroit de ta Pastorale (*pag.* 258. & 259.) Tu prétends que la Philosophie peut aussi exciter des guerres ci-

viles. Va, tu lui fais trop d'honneur; tu fais
à qui ce privilége a été réfervé. Tu allégues
en preuve que le Comte de Shaftsburi, *l'un
des héros du parti philofophifte*, & l'ami de
Locke, entra dans des factions contre le
confeil de Charles II, & fur cela tu prends
Locke pour un conjuré. Tu fais d'étranges
bévues, de terribles *blunders*. Celui que tu
appelles le *héros du parti philofophifte* était
le fils du Comte de Shaftsburi. Le pere n'était
qu'un politique. Le fils fut un véritable Philo-
fophe, & paffa fa vie dans la retraite, loin des
fripons & des fanatiques. Pauvre homme ! voilà
ce que c'eft que de parler au hazard, & de
favoir les chofes à demi. N'es-tu pas honteux
d'avoir trompé ainfi ton troupeau du Puy en
Vélay ?

AMI JEAN-GEORGE,

Voici un Evêque ton confrere qui vient
rendre à Chaubert ta Paftorale, que Chaubert
lui avoit vendue douze francs. Je ne veux
point, dit-il, de cet impertinent ouvrage ; il
faut que mon confrere ait perdu la tête. Quel
amas de phrafes qui ne fignifient rien ! il ne
dit que des injures. Cet homme fait tout ce

qu'il peut pour rendre ridicule ce qu'il veut faire respecter. J'aimerois mieux encore, je crois, (Dieu me pardonne) les vers Judaïques de son frere aîné. C'est ainsi qu'a parlé ce digne Prélat. Je me joins à lui.

Adieu, JEAN-GEORGE,

INSTRUCTION
PASTORALE

De l'humble Evêque d'Alétopolis, à l'occasion de l'Instruction Pastorale de Jean - George, humble Evêque du Puy.

Mes chers Freres,

Mon Confrere Jean - George du Puy a voulu vous instruire par un gros volume. Vous savez que la vérité est au fond du Puy, mais vous ne savez pas encore si Jean-George l'en a tirée. Vous vous êtes recriés d'abord en voyant les armoiries de Jean-George en taille rude à la tête de son ouvrage. Cet écusson représente un homme monté sur un quadrupéde ; vous doutez si cet animal est la monture de Balaam, ou celle du chevalier que Cervantes a rendu fameux. L'un était un Prophete, & l'autre un redresseur des torts; vous ignorez qui des deux est le Patron de mon cher confrere. Vous êtes étonnés que son humilité ne l'empêche pas de s'intituler *Monseigneur* ; mais il n'a pas craint que sa vertu se démentît dans son cœur par ce titre fastueux. Les Pères de l'Eglise ne mettaient pas ces enseignes de la vanité à la tête de leurs ouvrages ; nous ne voyons pas même que les Evangiles aient été écrits par Monseigneur Matthieu, & par Monseigneur Luc. Mais aussi, mes chers freres, considérez que les ouvrages de Monseigneur Jean-George ne sont pas paroles d'Evangile.

Il a soin de nous avertir que de plus il s'appelle *Pompignan* ; nous avons vu à ce grand nom les fronts les plus sévères se dérider, & la joie répandue sur tous les visages, jusqu'au moment où la lecture des premieres pages a changé absolument toutes les physionomies, & plongé les esprits dans un doux repos. Et bientôt on a demandé dans la petite ville du Puy, s'il était vrai que Monseigneur était Auteur à Paris, & on a demandé dans Paris si cet Evêque avait imprimé au Puy un ouvrage.

J'avoue que tous nos confreres ont trouvé mauvais qu'on prostituât ainsi la dignité du saint

ministère ; que sous prétexte de faire un Man-
dement dans un petit diocèse, on imprimât en
effet un livre qui n'est pas fait pour ce diocèse,
& qu'on affectât de parler de Newton & de
Locke aux habitans du Puy en Vélay. Nous en
sommes d'autant plus surpris, que les ouvrages
de ces Anglais ne sont pas plus connus des
habitans du Vélay que de Monseigneur. Enfin,
nous avouons qu'après le péché mortel, ce
qu'un Evêque doit le plus éviter, c'est le ridicule.

Comme notre diocèse est extrêmement éloigné
du sien, nous nous servons à son exemple de
la voie de l'impression pour lui faire une cor-
rection fraternelle, que tous les bons Chrétiens
se doivent les uns aux autres ; devoir dont ils
se sont fidélement acquittés dans tous les tems.

Ce n'est pas que nous voulions contester à
Jean-George ses prétentions Episcopales au bel-
esprit, ce n'est pas que nous ne sachions estimer
son zèle ardent, qui dans la crainte d'omettre
les choses utiles, se répand presque toujours sur
celles qui ne le sont pas. Nous convenons de
son éloquence abondante qui n'est jamais étouffée
sous les pensées ; nous admirons sa charité chré-
tienne qui devine les plus secrets sentimens de

tous ſes contemporains , & qui les empoiſonne
de peur que leurs ſentimens n'empoiſonnent le
ſiécle.

Mais en rendant juſtice à toutes les grandes
qualités de Jean-George , nous tremblons , mes
chers freres , qu'il n'ait fait une bévue dans
ſon Inſtruction paſtorale , laquelle pluſieurs ma-
lins d'entre-vous diſent n'être ni d'un homme
inſtruit , ni d'un paſteur. Cette bévue conſiſte à
regarder les plus grands génies comme des in-
crédules ; il met dans cette claſſe Montagne ,
Charon , Fontenelle , & tous les Auteurs de nos
jours ; ſans parler de la priere du Déiſte de
Monſieur ſon frere aîné , que Dieu abſolve.

C'eſt une entrepriſe un peu trop forte d'écrire
contre tout ſon ſiécle : & ce n'eſt peut-être pas
avoir un zéle ſelon la ſcience , que de dire , mes
freres , tous les gens d'eſprit & tous les Savans
penſent autrement que moi , tous ſe moquent
de moi ; croyez donc tout ce que je vais vous
dire. Ce tour ne vous a pas paru aſſez habile.

On dit auſſi qu'il y a dans l'*in-quarto* de mon
confrere Jean-George , un long chapitre contre
la tolérance , malgré la parole de Jeſus-Chriſt &
des Apôtres , qui nous ordonnent de nous ſup-

porter les uns les autres. Mes freres, je vous exhorte, felon cette parole, à fupporter Jean-George. Vous avez beau dire que fon livre eft infupportable ; ce n'eft pas une raifon pour rompre les liens de la charité. Si fon ouvrage vous a paru trop gros, je dois vous dire, pour vous raffurer, que mon Relieur m'a promis qu'il ferait fort plat quand il aurait été battu.

Nous demeurons donc unis à Jean-George, & même à Jean-Jacques, quoique nous penfions différemment d'eux fur quelques articles. Ce qui nous confole, c'eft qu'on nous affure de tous côtés, que l'œuvre de notre Confrere du Puy eft comme l'arche du Seigneur, elle eft fainte, elle eft expofée en public ; & perfonne n'approche d'elle.

Bonfoir, mes Freres.

L'humble Evêque d'Alétopolis.